中华人民共和国
保守国家秘密法实施条例

中国法制出版社

中华人民共和国保守国家秘密法实施条例
ZHONGHUA RENMIN GONGHEGUO BAOSHOU GUOJIA MIMIFA SHISHI TIAOLI

经销/新华书店
印刷/保定市中画美凯印刷有限公司
开本/850毫米×1168毫米 32开　　　印张/1.25　字数/17千
版次/2024年7月第1版　　　　　　　2024年11月第2次印刷

中国法制出版社出版
书号 ISBN 978-7-5216-4640-5　　　　　　定价：5.00元

北京市西城区西便门西里甲16号西便门办公区
邮政编码：100053　　　　　　　　　　传真：010-63141600
网址：http://www.zgfzs.com　　　编辑部电话：010-63141673
市场营销部电话：010-63141612　　印务部电话：010-63141606

（如有印装质量问题，请与本社印务部联系。）

目　录

中华人民共和国国务院令（第786号）……………（1）
中华人民共和国保守国家秘密法实施条例…………（2）
司法部、国家保密局负责人就《中华人民
　共和国保守国家秘密法实施条例》修订
　答记者问 ………………………………………（31）

中华人民共和国国务院令

第 786 号

《中华人民共和国保守国家秘密法实施条例》已经 2024 年 6 月 26 日国务院第 35 次常务会议修订通过，现予公布，自 2024 年 9 月 1 日起施行。

总理　李强

2024 年 7 月 10 日

中华人民共和国
保守国家秘密法实施条例

（2014年1月17日中华人民共和国国务院令第646号公布 2024年7月10日中华人民共和国国务院令第786号修订）

第一章 总 则

第一条 根据《中华人民共和国保守国家秘密法》（以下简称保密法）的规定，制定本条例。

第二条 坚持和加强中国共产党对保守国家秘密（以下简称保密）工作的领导。

中央保密工作领导机构领导全国保密工作，负责全国保密工作的顶层设计、统筹协调、整体推进、督促落实。

地方各级保密工作领导机构领导本地区保密工作，按照中央保密工作领导机构统一部署，贯彻落实党和国家保密工作战略及重大政策措施，统筹协调保密重大事项和重要工作，督促保密法律法规严格执行。

第三条　国家保密行政管理部门主管全国的保密工作。县级以上地方各级保密行政管理部门在上级保密行政管理部门指导下，主管本行政区域的保密工作。

第四条　中央国家机关在其职权范围内管理或者指导本系统的保密工作，监督执行保密法律法规，可以根据实际情况制定或者会同有关部门制定主管业务方面的保密规定。

第五条　国家机关和涉及国家秘密的单位（以下简称机关、单位）不得将依法应当公开的事项确定为国家秘密，不得将涉及国家秘密的信息公开。

第六条　机关、单位实行保密工作责任制，承担本机关、本单位保密工作主体责任。机关、单位主要负责人对本机关、本单位的保密工作负总责，分管保密工作的负责人和分管业务工作的负责人在职责范围内对保密工作负领导责任，工作人员对本岗位的保密工作负直接责任。

机关、单位应当加强保密工作力量建设，中央国家机关应当设立保密工作机构，配备专职保密干部，其他机关、单位应当根据保密工作需要设立保密工作机构或者指定人员专门负责保密工作。

机关、单位及其工作人员履行保密工作责任制情况应当纳入年度考评和考核内容。

第七条 县级以上人民政府应当加强保密基础设施建设和关键保密科学技术产品的配备。

省级以上保密行政管理部门应当推动保密科学技术自主创新，促进关键保密科学技术产品的研发工作，鼓励和支持保密科学技术研究和应用。

第八条 保密行政管理部门履行职责所需的经费，应当列入本级预算。机关、单位开展保密工作所需经费应当列入本机关、本单位的年度预算或者年度收支计划。

第九条 保密行政管理部门应当组织开展经常性的保密宣传教育。干部教育培训主管部门应当会同保密行政管理部门履行干部保密教育培训工作职责。干部教育培训机构应当将保密教育纳入教学体系。教育行政部门应当推动保密教育纳入国民教育体系。宣传部门应当指导鼓励大众传播媒介充分发挥作用，普及保密知识，宣传保密法治，推动全社会增强保密意识。

机关、单位应当定期对本机关、本单位工作人员进行保密工作优良传统、保密形势任务、保密法律法规、保密技术防范、保密违法案例警示等方面的教育培训。

第十条 保密行政管理部门应当按照国家有关规定完善激励保障机制，加强专门人才队伍建设、专业培训和装备配备，提升保密工作专业化能力和水平。教育行政部门应当加强保密相关学科专业建设指导和支持。

第十一条 对有下列表现之一的组织和个人,应当按照国家有关规定给予表彰和奖励:

(一)在危急情况下保护国家秘密安全的;

(二)在重大涉密活动中,为维护国家秘密安全做出突出贡献的;

(三)在保密科学技术研发中取得重大成果或者显著成绩的;

(四)及时检举泄露或者非法获取、持有国家秘密行为的;

(五)发现他人泄露或者可能泄露国家秘密,立即采取补救措施,避免或者减轻危害后果的;

(六)在保密管理等涉密岗位工作,忠于职守,严守国家秘密,表现突出的;

(七)其他在保守、保护国家秘密工作中做出突出贡献的。

第二章 国家秘密的范围和密级

第十二条 国家秘密及其密级的具体范围(以下称保密事项范围)应当明确规定国家秘密具体事项的名称、密级、保密期限、知悉范围和产生层级。

保密事项范围应当根据情况变化及时调整。制定、修订保密事项范围应当充分论证，听取有关机关、单位和相关行业、领域专家的意见。

第十三条 有定密权限的机关、单位应当依据本行业、本领域以及相关行业、领域保密事项范围，制定国家秘密事项一览表，并报同级保密行政管理部门备案。国家秘密事项一览表应当根据保密事项范围及时修订。

第十四条 机关、单位主要负责人为本机关、本单位法定定密责任人，根据工作需要，可以明确本机关、本单位其他负责人、内设机构负责人或者其他人员为指定定密责任人。

定密责任人、承办人应当接受定密培训，熟悉定密职责和保密事项范围，掌握定密程序和方法。

第十五条 定密责任人在职责范围内承担国家秘密确定、变更和解除工作，指导、监督职责范围内的定密工作。具体职责是：

（一）审核批准承办人拟定的国家秘密的密级、保密期限和知悉范围；

（二）对本机关、本单位确定的尚在保密期限内的国家秘密进行审核，作出是否变更或者解除的决定；

（三）参与制定修订本机关、本单位国家秘密事项一览表；

（四）对是否属于国家秘密和属于何种密级不明确的事项先行拟定密级、保密期限和知悉范围，并按照规定的程序报保密行政管理部门确定。

第十六条 中央国家机关、省级机关以及设区的市级机关可以根据保密工作需要或者有关机关、单位申请，在国家保密行政管理部门规定的定密权限、授权范围内作出定密授权。

无法按照前款规定授权的，省级以上保密行政管理部门可以根据保密工作需要或者有关机关、单位申请，作出定密授权。

定密授权应当以书面形式作出。授权机关应当对被授权机关、单位履行定密授权的情况进行监督。被授权机关、单位不得再授权。

中央国家机关、省级机关和省、自治区、直辖市保密行政管理部门作出的定密授权，报国家保密行政管理部门备案；设区的市级机关作出的定密授权，报省、自治区、直辖市保密行政管理部门备案。

第十七条 机关、单位应当在国家秘密产生的同时，由承办人依据有关保密事项范围拟定密级、保密期限和知悉范围，报定密责任人审核批准，并采取相应保密措施。

机关、单位对应当定密但本机关、本单位没有定密权限的事项,先行采取保密措施,并依照法定程序,报上级机关、单位确定;没有上级机关、单位的,报有定密权限的业务主管部门或者保密行政管理部门确定。

机关、单位确定国家秘密,能够明确密点的,按照国家保密规定确定并标注。

第十八条 机关、单位执行上级确定的国家秘密事项或者办理其他机关、单位确定的国家秘密事项,有下列情形之一的,应当根据所执行、办理的国家秘密事项的密级、保密期限和知悉范围派生定密:

(一)与已确定的国家秘密事项完全一致的;

(二)涉及已确定的国家秘密事项密点的;

(三)对已确定的国家秘密事项进行概括总结、编辑整合、具体细化的;

(四)原定密机关、单位对使用已确定的国家秘密事项有明确定密要求的。

第十九条 机关、单位对所产生的国家秘密,应当按照保密事项范围的规定确定具体的保密期限或者解密时间;不能确定的,应当确定解密条件。

国家秘密的保密期限,自标明的制发日起计算;不能标明制发日的,确定该国家秘密的机关、单位应当书面通知知悉范围内的机关、单位和人员,保密期限自通知之日起计算。

第二十条　机关、单位应当依法限定国家秘密的知悉范围，对知悉机密级以上国家秘密的人员，应当作出记录。

第二十一条　国家秘密载体以及属于国家秘密的设备、产品（以下简称密品）的明显部位应当作出国家秘密标志。国家秘密标志应当标注密级、保密期限。国家秘密的密级或者保密期限发生变更的，应当及时对原国家秘密标志作出变更。

无法作出国家秘密标志的，确定该国家秘密的机关、单位应当书面通知知悉范围内的机关、单位和人员。

第二十二条　机关、单位对所确定的国家秘密，认为符合保密法有关解除或者变更规定的，应当及时解除或者变更。

机关、单位对不属于本机关、本单位确定的国家秘密，认为符合保密法有关解除或者变更规定的，可以向原定密机关、单位或者其上级机关、单位提出建议。

已经依法移交各级国家档案馆的属于国家秘密的档案，由原定密机关、单位按照国家有关规定进行解密审核。

第二十三条　机关、单位被撤销或者合并、分立的，该机关、单位所确定国家秘密的变更和解除，由承担其职能的机关、单位负责；没有相应机关、单位的，由其上级机关、单位或者同级保密行政管理部门指定的机关、单位负责。

第二十四条 机关、单位发现本机关、本单位国家秘密的确定、变更和解除不当的,应当及时纠正;上级机关、单位发现下级机关、单位国家秘密的确定、变更和解除不当的,应当及时通知其纠正,也可以直接纠正。

第二十五条 机关、单位对符合保密法的规定,但保密事项范围没有规定的不明确事项,应当先行拟定密级、保密期限和知悉范围,采取相应的保密措施,并自拟定之日起10个工作日内报有关部门确定。拟定为绝密级的事项和中央国家机关拟定的机密级、秘密级的事项,报国家保密行政管理部门确定;其他机关、单位拟定的机密级、秘密级的事项,报省、自治区、直辖市保密行政管理部门确定。

保密行政管理部门接到报告后,应当在10个工作日内作出决定。省、自治区、直辖市保密行政管理部门还应当将所作决定及时报国家保密行政管理部门备案。

第二十六条 机关、单位对已确定的国家秘密事项是否属于国家秘密或者属于何种密级有不同意见的,可以向原定密机关、单位提出异议,由原定密机关、单位作出决定。

机关、单位对原定密机关、单位未予处理或者对作出的决定仍有异议的，按照下列规定办理：

（一）确定为绝密级的事项和中央国家机关确定的机密级、秘密级的事项，报国家保密行政管理部门确定；

（二）其他机关、单位确定的机密级、秘密级的事项，报省、自治区、直辖市保密行政管理部门确定；对省、自治区、直辖市保密行政管理部门作出的决定有异议的，可以报国家保密行政管理部门确定。

在原定密机关、单位或者保密行政管理部门作出决定前，对有关事项应当按照主张密级中的最高密级采取相应的保密措施。

第三章 保密制度

第二十七条 国家秘密载体管理应当遵守下列规定：

（一）制作国家秘密载体，应当由本机关、本单位或者取得国家秘密载体制作、复制资质的单位承担，制作场所、设备应当符合国家保密规定；

（二）收发国家秘密载体，应当履行清点、编号、登记、签收手续；

（三）传递国家秘密载体，应当通过机要交通、机要通信或者其他符合国家保密规定的方式进行；

（四）阅读、使用国家秘密载体，应当在符合国家保密规定的场所进行；

（五）复制国家秘密载体或者摘录、引用、汇编属于国家秘密的内容，应当按照规定报批，不得擅自改变原件的密级、保密期限和知悉范围，复制件应当加盖复制机关、单位戳记，并视同原件进行管理；

（六）保存国家秘密载体的场所、设施、设备，应当符合国家保密规定；

（七）维修国家秘密载体，应当由本机关、本单位专门技术人员负责。确需外单位人员维修的，应当由本机关、本单位的人员现场监督。确需在本机关、本单位以外维修的，应当符合国家保密规定；

（八）携带国家秘密载体外出，应当符合国家保密规定，并采取可靠的保密措施。携带国家秘密载体出境，应当按照国家保密规定办理审批手续；

（九）清退国家秘密载体，应当按照制发机关、单位要求办理。

第二十八条 销毁国家秘密载体，应当符合国家保密规定和标准，确保销毁的国家秘密信息无法还原。

销毁国家秘密载体，应当履行清点、登记、审批手续，并送交保密行政管理部门设立的工作机构或者指定的单位销毁。机关、单位因工作需要，自行销毁少量国家秘密载体的，应当使用符合国家保密标准的销毁设备和方法。

第二十九条　绝密级国家秘密载体管理还应当遵守下列规定：

（一）收发绝密级国家秘密载体，应当指定专人负责；

（二）传递、携带绝密级国家秘密载体，应当两人以上同行，所用包装应当符合国家保密规定；

（三）阅读、使用绝密级国家秘密载体，应当在符合国家保密规定的指定场所进行；

（四）禁止复制、下载、汇编、摘抄绝密级文件信息资料，确有工作需要的，应当征得原定密机关、单位或者其上级机关同意；

（五）禁止将绝密级国家秘密载体携带出境，国家另有规定的从其规定。

第三十条　机关、单位应当依法对密品的研制、生产、试验、运输、使用、保存、维修、销毁等进行管理。

机关、单位应当及时确定密品的密级和保密期限，严格控制密品的接触范围，对放置密品的场所、部位采取安全保密防范措施。

绝密级密品的研制、生产、维修应当在符合国家保密规定的封闭场所进行，并设置专门放置、保存场所。

密品的零件、部件、组件等物品，涉及国家秘密的，按照国家保密规定管理。

第三十一条　机关、单位应当依法确定保密要害部门、部位，报同级保密行政管理部门确认，严格保密管理。

第三十二条　涉密信息系统按照涉密程度分为绝密级、机密级、秘密级。机关、单位应当根据涉密信息系统存储、处理信息的最高密级确定保护等级，按照分级保护要求采取相应的安全保密防护措施。

第三十三条　涉密信息系统应当由国家保密行政管理部门设立或者授权的机构进行检测评估，并经设区的市级以上保密行政管理部门审查合格，方可投入使用。

公安机关、国家安全机关的涉密信息系统测评审查工作按照国家保密行政管理部门会同国务院公安、国家安全部门制定的有关规定执行。

第三十四条　机关、单位应当加强信息系统、信息设备的运行维护、使用管理，指定专门机构或者人员负责运行维护、安全保密管理和安全审计，按照国家保密规定建设保密自监管设施，定期开展安全保密检查和风险评估，配合保密行政管理部门排查预警事件，及时发现并处置安全保密风险隐患。

第三十五条　机关、单位应当按照国家保密规定，对绝密级信息系统每年至少开展一次安全保密风险评估，对机密级及以下信息系统每两年至少开展一次安全保密风险评估。机关、单位涉密信息系统的密级、使用范围和使用环境等发生变化可能产生新的安全保密风险隐患的，应当按照国家保密规定和标准采取相应防护措施，并开展安全保密风险评估。

涉密信息系统中使用的信息设备应当安全可靠，以无线方式接入涉密信息系统的，应当符合国家保密和密码管理规定、标准。

涉密信息系统不再使用的，应当按照国家保密规定和标准对相关保密设施、设备进行处理，并及时向相关保密行政管理部门备案。

第三十六条　研制、生产、采购、配备用于保护国家秘密的安全保密产品和保密技术装备应当符合国家保密规定和标准。

国家鼓励研制生产单位根据保密工作需要，采用新技术、新方法、新工艺等创新安全保密产品和保密技术装备。

第三十七条　研制生产单位应当为用于保护国家秘密的安全保密产品和保密技术装备持续提供维修维护服务，建立漏洞、缺陷发现和处理机制，不得在安全保密产品和保密技术装备中设置恶意程序。

研制生产单位可以向国家保密行政管理部门设立或

者授权的机构申请对安全保密产品和保密技术装备进行检测，检测合格的，上述机构颁发合格证书。研制生产单位生产的安全保密产品和保密技术装备应当与送检样品一致。

第三十八条　国家保密行政管理部门组织其设立或者授权的机构开展用于保护国家秘密的安全保密产品和保密技术装备抽检、复检，发现不符合国家保密规定和标准的，应当责令整改；存在重大缺陷或者重大泄密隐患的，应当责令采取停止销售、召回产品等补救措施，相关单位应当配合。

第三十九条　网络运营者应当遵守保密法律法规和国家有关规定，建立保密违法行为投诉、举报、发现、处置制度，完善受理和处理工作机制，制定泄密应急预案。发生泄密事件时，网络运营者应当立即启动应急预案，采取补救措施，并向保密行政管理部门或者公安机关、国家安全机关报告。

第四十条　网络运营者对保密行政管理部门依法实施的保密违法案件调查和预警事件排查，应当予以配合。

省级以上保密行政管理部门在履行保密监督管理职责中，发现网络存在较大泄密隐患或者发生泄密事件的，可以按照规定权限和程序对该网络运营者的法定代表人或者主要负责人进行约谈，督促其及时整改，消除隐患。

第四十一条　机关、单位应当加强对互联网使用的保密管理。机关、单位工作人员使用智能终端产品等应当符合国家保密规定，不得违反有关规定使用非涉密信息系统、信息设备存储、处理、传输国家秘密。

第四十二条　机关、单位应当健全信息公开保密审查工作机制，明确审查机构，规范审查程序，按照先审查、后公开的原则，对拟公开的信息逐项进行保密审查。

第四十三条　机关、单位应当承担涉密数据安全保护责任，涉密数据收集、存储、使用、加工、传输、提供等处理活动应当符合国家保密规定。

省级以上保密行政管理部门应当会同有关部门建立动态监测、综合评估等安全保密防控机制，指导机关、单位落实安全保密防控措施，防范数据汇聚、关联引发的泄密风险。

机关、单位应当对汇聚、关联后属于国家秘密事项的数据依法加强安全管理，落实安全保密防控措施。

第四十四条　机关、单位向境外或者向境外在中国境内设立的组织、机构提供国家秘密，任用、聘用的境外人员因工作需要知悉国家秘密的，应当按照国家保密规定办理，进行审查评估，签订保密协议，督促落实保密管理要求。

第四十五条　举办会议或者其他活动涉及国家秘密的，主办单位应当采取下列保密措施，承办、参加单位和人员应当配合：

（一）根据会议、活动的内容确定密级，制定保密方案，限定参加人员和工作人员范围；

（二）使用符合国家保密规定和标准的场所、设施、设备，采取必要保密技术防护等措施；

（三）按照国家保密规定管理国家秘密载体；

（四）对参加人员和工作人员进行身份核实和保密教育，提出具体保密要求；

（五）保密法律法规和国家保密规定要求的其他措施。

通过电视、电话、网络等方式举办会议或者其他活动涉及国家秘密的，还应当符合国家有关保密标准。

第四十六条　保密行政管理部门及其他主管部门应当加强对涉密军事设施及其他重要涉密单位周边区域保密管理工作的指导和监督，建立协调机制，加强军地协作，组织督促整改，有关机关、单位应当配合，及时发现并消除安全保密风险隐患。

第四十七条　从事涉及国家秘密业务（以下简称涉密业务）的企业事业单位应当符合下列条件：

（一）在中华人民共和国境内依法成立 1 年以上的

法人，国家另有规定的从其规定；

（二）无犯罪记录，近1年内未发生泄密案件；

（三）从事涉密业务的人员具有中华人民共和国国籍，国家另有规定的从其规定；

（四）保密制度完善，有专门的机构或者人员负责保密工作；

（五）用于涉密业务的场所、设施、设备符合国家保密规定和标准；

（六）具有从事涉密业务的专业能力；

（七）保密法律法规和国家保密规定要求的其他条件。

第四十八条 从事国家秘密载体制作、复制、维修、销毁，涉密信息系统集成，武器装备科研生产，或者涉密军事设施建设等涉密业务的企业事业单位，应当由保密行政管理部门单独或者会同有关部门进行保密审查，取得保密资质。

取得保密资质的企业事业单位，不得有下列行为：

（一）超出保密资质业务种类范围承担其他需要取得保密资质的业务；

（二）变造、出卖、出租、出借保密资质证书；

（三）将涉密业务转包给其他单位或者分包给无相应保密资质的单位；

（四）其他违反保密法律法规和国家保密规定的行为。

取得保密资质的企业事业单位实行年度自检制度，应当每年向作出准予行政许可决定的保密行政管理部门报送上一年度自检报告。

第四十九条 机关、单位采购涉及国家秘密的工程、货物、服务，或者委托企业事业单位从事涉密业务，应当根据国家保密规定确定密级，并符合国家保密规定和标准。机关、单位应当与有关单位、个人签订保密协议，提出保密要求，采取保密措施，实施全过程管理。

机关、单位采购或者委托企业事业单位从事本条例第四十八条第一款规定的涉密业务的，应当核验承担单位的保密资质。采购或者委托企业事业单位从事其他涉密业务的，应当核查参与单位的业务能力和保密管理能力。

政府采购监督管理部门、保密行政管理部门应当依法加强对涉及国家秘密的工程、货物、服务采购或其他委托开展涉密业务的监督管理。

第五十条 机关、单位应当依法确定涉密岗位，对拟任用、聘用到涉密岗位工作的人员进行上岗前保密审查，确认其是否具备在涉密岗位工作的条件和能力。未通过保密审查的,不得任用、聘用到涉密岗位工作。

机关、单位组织人事部门负责组织实施保密审查时,拟任用、聘用到涉密岗位工作的人员应当如实提供有关情况;需要其原工作、学习单位以及居住地有关部门和人员配合的,相关单位、部门和人员应当配合。必要时,公安机关、国家安全机关依申请协助审查。

机关、单位组织人事部门应当定期组织复审,确保涉密人员符合涉密岗位工作要求。

第五十一条 涉密人员应当遵守保密法律法规和本机关、本单位保密制度,严格遵守保密纪律、履行保密承诺,接受保密管理,不得以任何方式泄露国家秘密。

第五十二条 机关、单位组织人事部门会同保密工作机构负责涉密人员保密管理工作。机关、单位保密工作机构应当对涉密人员履行保密责任情况开展经常性的监督检查,会同组织人事部门加强保密教育培训。

涉密人员出境,由机关、单位组织人事部门和保密工作机构提出意见,按照人事、外事审批权限审批。涉密人员出境应当经过保密教育培训,及时报告在境外相关情况。

第五十三条 涉密人员离岗离职应当遵守有关法律法规规定;离岗离职前,应当接受保密提醒谈话,签订离岗离职保密承诺书。机关、单位应当开展保密教育提醒，清退国家秘密载体、涉密设备，取消涉密信息系统访问权限，确定脱密期期限。涉密人员在脱密期内就业、出境应当遵守国家保密规定。涉密人员不得利用知悉的国家秘密为有关组织、个人提供服务或者谋取利益。

第五十四条 涉密人员擅自离职或者脱密期内严重违反国家保密规定的，机关、单位应当及时报告同级保密行政管理部门，由保密行政管理部门会同有关部门依法采取处置措施。

第五十五条 机关、单位应当建立健全涉密人员权益保障制度，按照国家有关规定给予因履行保密义务导致合法权益受到影响和限制的人员相应待遇或者补偿。

第四章 监督管理

第五十六条 机关、单位应当向同级保密行政管理部门报送本机关、本单位年度保密工作情况。下级保密行政管理部门应当向上级保密行政管理部门报送本行政区域年度保密工作情况。

第五十七条 国家建立和完善保密标准体系。国家保密行政管理部门依照法律、行政法规的规定制定国家保密标准；相关学会、协会等社会团体可以制定团体标准；相关企业可以制定企业标准。

第五十八条　机关、单位应当对遵守保密法律法规和相关制度情况开展自查自评。保密行政管理部门依法对下列情况进行检查：

（一）保密工作责任制落实情况；

（二）保密制度建设情况；

（三）保密宣传教育培训情况；

（四）涉密人员保密管理情况；

（五）国家秘密确定、变更、解除情况；

（六）国家秘密载体管理情况；

（七）信息系统和信息设备保密管理情况；

（八）互联网使用保密管理情况；

（九）涉密场所及保密要害部门、部位管理情况；

（十）采购涉及国家秘密的工程、货物、服务，或者委托企业事业单位从事涉密业务管理情况；

（十一）涉及国家秘密会议、活动管理情况；

（十二）信息公开保密审查情况；

（十三）其他遵守保密法律法规和相关制度的情况。

第五十九条　保密行政管理部门依法开展保密检查和案件调查处理，查阅有关材料、询问人员、记录情况，对有关设施、设备、文件资料等登记保存，进行保密技术检测，应当遵守国家有关规定和程序。

有关机关、单位和个人应当配合保密行政管理部门依法履行职责，如实反映情况，提供必要资料，不得弄虚作假，隐匿、销毁证据，或者以其他方式逃避、妨碍保密监督管理。

保密行政管理部门实施保密检查后，应当出具检查意见，对需要整改的，应当明确整改内容和期限，并在一定范围内通报检查结果。

第六十条 保密行政管理部门对涉嫌保密违法的线索和案件，应当依法及时调查处理或者组织、督促有关机关、单位调查处理；发现需要采取补救措施的，应当立即责令有关机关、单位和人员停止违法行为，采取有效补救措施。调查工作结束后，有违反保密法律法规的事实，需要追究责任的，保密行政管理部门应当依法作出行政处罚决定或者提出处理建议；涉嫌犯罪的，应当依法移送监察机关、司法机关处理。有关机关、单位应当及时将处理结果书面告知同级保密行政管理部门。

第六十一条 机关、单位发现国家秘密已经泄露或者可能泄露的，应当立即采取补救措施，并在24小时内向同级保密行政管理部门和上级主管部门报告。

地方各级保密行政管理部门接到泄密报告的，应当在24小时内逐级报至国家保密行政管理部门。

保密行政管理部门依法受理公民对涉嫌保密违法线

索的举报，并保护举报人的合法权益。

第六十二条　保密行政管理部门收缴非法获取、持有的国家秘密载体，应当进行登记并出具清单，查清密级、数量、来源、扩散范围等，并采取相应的保密措施。

保密行政管理部门可以提请公安、市场监督管理等有关部门协助收缴非法获取、持有的国家秘密载体，有关部门应当予以配合。

第六十三条　办理涉嫌泄密案件的地方各级监察机关、司法机关申请国家秘密和情报鉴定的，向所在省、自治区、直辖市保密行政管理部门提出；办理涉嫌泄密案件的中央一级监察机关、司法机关申请国家秘密和情报鉴定的，向国家保密行政管理部门提出。

国家秘密和情报鉴定应当根据保密法律法规和保密事项范围等进行。保密行政管理部门受理鉴定申请后，应当自受理之日起30日内出具鉴定结论；不能按期出具的，经保密行政管理部门负责人批准，可以延长30日。专家咨询等时间不计入鉴定办理期限。

第六十四条　设区的市级以上保密行政管理部门应当建立监测预警制度，分析研判保密工作有关情况，配备监测预警设施和相应工作力量，发现、识别、处置安全保密风险隐患，及时发出预警通报。

第六十五条　保密行政管理部门和其他相关部门应

当在保密工作中加强协调配合,及时通报情况。

第六十六条　保密行政管理部门及其工作人员应当按照法定的职权和程序开展工作,做到严格规范公正文明执法,依法接受监督。

第五章　法律责任

第六十七条　机关、单位违反保密法律法规发生泄密案件,有下列情形之一的,根据情节轻重,对直接负责的主管人员和其他直接责任人员依法给予处分;构成犯罪的,依法追究刑事责任:

(一)未落实保密工作责任制的;

(二)未依法确定、变更或者解除国家秘密的;

(三)未按照要求对涉密场所以及保密要害部门、部位进行防护或者管理的;

(四)涉密信息系统未按照规定进行测评审查而投入使用,经责令整改仍不改正的;

(五)未经保密审查或者保密审查不严,公开国家秘密的;

(六)委托不具备从事涉密业务条件的单位从事涉密业务的;

(七)违反涉密人员保密管理规定的;

（八）发生泄密案件未按照规定报告或者未及时采取补救措施的；

（九）未依法履行涉密数据安全管理责任的；

（十）其他违反保密法律法规的情形。

有前款情形尚不构成犯罪，且不适用处分的人员，由保密行政管理部门督促其主管部门予以处理。

第六十八条　在保密检查或者保密违法案件调查处理中，有关机关、单位及其工作人员拒不配合，弄虚作假，隐匿、销毁证据，或者以其他方式逃避、妨碍保密检查或者保密违法案件调查处理的，对直接负责的主管人员和其他直接责任人员依法给予处分；不适用处分的人员，由保密行政管理部门督促其主管部门予以处理。

企业事业单位及其工作人员协助机关、单位逃避、妨碍保密检查或者保密违法案件调查处理的，由有关主管部门依法予以处罚。

第六十九条　网络运营者违反保密法律法规，有下列情形之一的，由保密行政管理等部门按照各自职责分工责令限期整改，给予警告或者通报批评；情节严重的，处5万元以上50万元以下罚款，对直接负责的主管人员和其他直接责任人员处1万元以上10万元以下罚款：

（一）发生泄密事件，未依法采取补救措施的；

（二）未依法配合保密行政管理部门实施保密违法案件调查、预警事件排查的。

第七十条　用于保护国家秘密的安全保密产品和保密技术装备不符合国家保密规定和标准，有下列情形之一的，由保密行政管理等部门对研制生产单位给予警告或者通报批评，责令有关检测机构取消合格证书；有违法所得的，没收违法所得：

（一）研制生产单位拒不整改或者整改后仍不符合国家保密规定和标准的；

（二）安全保密产品和保密技术装备存在重大缺陷或者重大泄密隐患的；

（三）造成国家秘密泄露的；

（四）其他严重危害国家秘密安全的。

第七十一条　从事涉密业务的企业事业单位违反保密法律法规及国家保密规定的，由保密行政管理部门责令限期整改，给予警告或者通报批评；有违法所得的，没收违法所得。

取得保密资质的企业事业单位，有下列情形之一的，并处暂停涉密业务、降低资质等级：

（一）超出保密资质业务种类范围承担其他需要取得保密资质业务的；

（二）未按照保密行政管理部门要求时限完成整改或者整改后仍不符合保密法律法规及国家保密规定的；

（三）其他违反保密法律法规及国家保密规定，存在重大泄密隐患的。

取得保密资质的企业事业单位，有下列情形之一的，并处吊销保密资质：

（一）变造、出卖、出租、出借保密资质证书的；

（二）将涉密业务转包给其他单位或者分包给无相应保密资质单位的；

（三）发现国家秘密已经泄露或者可能泄露，未立即采取补救措施或者未按照规定时限报告的；

（四）拒绝、逃避、妨碍保密检查的；

（五）暂停涉密业务期间承接新的涉密业务的；

（六）暂停涉密业务期满仍不符合保密法律法规及国家保密规定的；

（七）发生重大泄密案件的；

（八）其他严重违反保密法律法规及国家保密规定行为的。

第七十二条 保密行政管理部门未依法履行职责，或者滥用职权、玩忽职守、徇私舞弊的，对直接负责的主管人员和其他直接责任人员依法给予处分；构成犯罪的，依法追究刑事责任。

第六章　附　　则

第七十三条　中央国家机关应当结合工作实际制定本行业、本领域工作秘密事项具体范围,报国家保密行政管理部门备案。

机关、单位应当加强本机关、本单位工作秘密管理,采取技术防护、自监管等保护措施。违反有关规定造成工作秘密泄露,情节严重的,对直接负责的主管人员和其他直接责任人员依法给予处分。

第七十四条　本条例自 2024 年 9 月 1 日起施行。

司法部、国家保密局负责人就《中华人民共和国保守国家秘密法实施条例》修订答记者问

2024年7月10日,国务院总理李强签署第786号国务院令,公布修订后的《中华人民共和国保守国家秘密法实施条例》(以下简称《条例》),自2024年9月1日起施行。日前,司法部、国家保密局负责人就《条例》有关问题回答了记者提问。

问:请简要介绍一下《条例》修订背景情况。

答:党中央、国务院历来高度重视保密工作。国务院于2014年1月17日公布、自2014年3月1日起施行的《条例》,在推进保密依法管理、保守国家秘密、维护国家安全和利益等方面发挥了重要作用。近年来,国际国内形势发生深刻变化,保密工作面临着新形势新任务,为适应需要,新修订的《中华人民共和国保守国家秘密法》(以下简称保密法)进一步健全了保密管理体制机制,完善了保密管理制度。为深入贯彻党中央关于

保密工作的决策部署，进一步细化保密法有关制度规定，明确保密法具体实施举措，需要对《条例》作出修订。

国家保密局在深入调研论证、广泛听取意见的基础上，结合保密法修订工作，向国务院报送了《条例（修订草案送审稿）》。收到送审稿后，司法部广泛征求了有关中央单位、地方人民政府、协会、企事业单位和专家学者意见，并向社会公开征求意见，会同国家保密局认真研究，修改形成了《条例（修订草案）》。2024年6月26日，国务院常务会议审议通过了《条例（修订草案）》。2024年7月10日，李强总理签署国务院令，正式公布修订后的《条例》。

问：修订《条例》的总体思路是什么？

答：修订《条例》坚持以习近平新时代中国特色社会主义思想为指导，深入贯彻落实习近平法治思想和习近平总书记关于保密工作重要指示批示精神，遵循以下总体思路：一是细化党管保密原则，健全党管保密体制机制，确保保密工作正确政治方向。二是在保密法制度框架下，细化、完善相关制度，确保新修订的保密法有效实施。三是聚焦保密工作面临的新情况新问题，总结提炼近年来保密工作行之有效的经验做法和成熟制度。

问：《条例》在坚持和加强党对保密工作的领导方

面作了哪些细化？

答：党对保密工作的统一领导，是保密工作的本质特征，是保密工作长期实践和历史经验的总结。此次《条例》修订增加了党管保密专门条款，进一步强调坚持和加强中国共产党对保密工作的领导，健全党管保密体制机制，明确了中央保密工作领导机构、地方各级保密工作领导机构的具体职责，为贯彻落实党和国家保密工作战略及重大政策措施，更好发挥党管保密的政治优势、组织优势提供了制度保障。

问：《条例》在定密管理方面作了哪些细化？

答：为进一步提升定密工作的精准性、科学性，《条例》对定密管理制度作了进一步细化和完善：一是明确国家秘密事项一览表制定修订要求。国家秘密事项一览表以明确、直观的方式列明国家秘密事项、密级、保密期限、知悉范围和定密依据。《条例》明确，有定密权限的机关、单位应当依据本行业、本领域以及相关行业、领域保密事项范围，制定国家秘密事项一览表，从源头上保障定密工作的精准性、科学性。二是进一步细化定密责任人范围和具体职责。《条例》明确，机关、单位主要负责人是本机关、本单位的法定定密责任人，根据工作需要，可以明确一定范围的人员为指定定密责任人。同时，进一步完善了定密责任人的具体职责。三是明确应当派生定密的具体情形。派生定密是一种重要的定密方式,《条例》列举了应当派生定密的具体情形,为机关、单位派生定密提供更加科学、细致的指引,有利于规范派生定密行为,有效避免派生定密过多、过泛的问题。

问:《条例》在加强保密科学技术创新和防护等方面作了哪些规定?

答: 近年来,随着信息科技的普及应用,国家秘密形态日益数字化、网络化,面临的泄密、窃密风险也更加多样化、隐蔽化,窃密与反窃密斗争逐步体现为科学技术能力的竞争与对抗。《条例》就加强保密科学技术创新和防护作了以下规定:一是重视保密科学技术创新。鼓励和支持保密科学技术研究和应用,对在保密科学技术研发中取得重大成果或者显著成绩的组织和个人给予表彰和奖励。二是注重信息设备、信息系统保密管理。明确机关、单位应当加强信息系统、信息设备的运行维护、使用管理,定期开展涉密信息系统风险评估,确保涉密信息系统中使用的信息设备安全可靠。三是细化安全保密产品和保密技术装备管理要求。明确研制生产单位义务,鼓励采用新技术、新方法、新工艺等进行创新;抽检、复检中发现的不符合国家保密规定和标准的,明确了相应处置措施,有效促进安全保密产品和保密技术装备质量持续提升。

问：《条例》在网络信息和数据保密管理方面作了哪些细化？

答：随着信息化、数字化的飞速发展和广泛应用，国家秘密管理难度不断加大，网络信息和数据保密管理的重要性愈发凸显。《条例》进一步规范了网络信息和数据保密管理：一是加强网络使用保密管理，规定机关、单位工作人员不得违反有关规定使用非涉密信息系统、信息设备存储、处理、传输国家秘密，使用智能终端产品等应当符合国家保密规定。二是明确网络运营者对依法实施的保密违法案件调查和预警事件排查的配合义务。三是完善数据保密管理制度，压实机关、单位涉密数据安全保护主体责任，明确涉密数据全流程管理要求，有效防范大数据条件下泄密风险，切实筑牢保密防线。

问：《条例》在涉密人员管理方面作了哪些细化？

答：涉密人员管理是保密管理的重要内容和关键所在。《条例》总结多年来涉密人员管理实践经验，进一步细化了涉密人员管理要求：一是建立涉密人员"全周期"管理制度，对涉密人员上岗前的保密审查及定期复审，在岗期间的保密管理及保密教育培训、离岗离职程序及要求，脱密期间的管理等均作出细化规定。二是细化涉密人员权益保护规定，要求机关、单位建立健全涉密人员权益保障制度，按照国家有关规定给予因履行保密义务导致合法权益受到影响和限制的人员相应待遇或者补偿。

问：《条例》施行后，将重点做好哪些工作？

答：国家保密局将和有关部门共同做好《条例》贯彻落实工作。一是广泛组织学习宣传。组织各级保密行政管理部门、保密工作机构及保密干部结合保密法相关规定，深入学习《条例》。同时，针对党政领导干部、涉密人员和社会公众等不同群体，采取多种形式做好保密法及《条例》的学习、宣传和培训工作。二是认真落实《条例》规定。各级保密行政管理部门全面贯彻保密法及《条例》，履行法律赋予的行政管理职能，提升保密依法行政能力。同时，指导、推动机关、单位落实《条例》各项制度，切实筑牢国家秘密安全防线。三是抓紧完善配套制度。国家保密局将加快保密规章制度的立改废释工作，进一步增强保密法律制度体系的系统性、整体性、协同性。